DE
LA CENSURE
MINISTÉRIELLE,
ET
DE LA CRITIQUE LITTÉRAIRE
DES OUVRAGES.

DE
LA CENSURE
MINISTÉRIELLE,

Considérée dans les Dispositions *morales*, *politiques* et *intellectuelles*, qui conviennent à son exercice;

ET, PAR ANALOGIE,

DE LA CRITIQUE LITTÉRAIRE

DES OUVRAGES

De ses Abus, et des Moyens de la rendre à son utilité,

PAR DUBROCA.

MPRIMERIE DE P. N. ROUGERON.

A PARIS,

CHEZ
AUTEUR, rue Dauphine, n. 20.
GERMAIN MATHIOT, lib. quai des Augustins, n. 25.
DELAUNAY, lib. au Palais Royal, galerie de bois, n. 247.
PIERRE BLANCHARD, lib. galerie Montesquieu, n. 16 et 17.
ALEX. JOHANNEAU, lib. rue du Coq S.-Honoré, n. 6.
GAY, lib. rue de Rivoli, n. 14.

Octobre 1814.

DE
LA CENSURE
MINISTÉRIELLE.

Dans les discussions qui ont eu lieu à la Chambre des Députés, sur le projet de loi qui proposait le maintien de la censure; quelques orateurs ont fortement insisté sur les inconvéniens de l'exercice de cette fonction, dans la supposition où elle serait livrée à des hommes passionnés, envieux, ennemis des idées libérales et servilement dévoués aux vues, aux intérêts particuliers des agens du pouvoir. Ces observations étaient justes, nécessaires, pour combattre l'institution de la censure et pour s'opposer à son établissement. Tous les esprits partageaient les craintes qui les inspiraient, et on osait croire qu'elles auraient assez de poids pour faire rejeter une mesure qui exposait le droit sacré de la pensée à tous les caprices des passions humaines.

Mais maintenant que toutes les espérances se sont évanouies, que le projet de loi a prévalu dans les deux Chambres législatives, et que la censure, légalement constituée, va reprendre son sceptre ; ces mêmes pensées reviennent bien plus pressantes et pèsent avec bien plus de force sur les esprits. Quels seront les hommes que l'on chargera des importantes fonctions de la censure ? auront-ils les qualités nécessaires pour l'exercer dignement et sans porter atteinte au principe immuable de la liberté de la pensée ? Sentiront-ils la juste indépendance où ils doivent être de toute influence particulière et étrangère aux intérêts publics? Seront-ils les dépositaires intègres des conceptions et des idées qui leur seront confiées ; exempts des passions qui pourraient en altérer l'essence par des rapports infidèles, ou en contrarier la publicité par des lenteurs affectées? Inspireront-ils enfin, par la nature de leur profession, de leur caractère, de leurs opinions, cette confiance qui encourage aux idées libérales, et laisse à l'écrivain toute la latitude nécessaire à la propagation des lumières? Voilà ce que chacun se demande ; et il faut convenir que ces questions sont bien naturelles, et en même-temps bien graves.

Si la Chambre des Députés, en continuant la discussion sur la loi de la censure, avait pu, comme elle l'aurait dû peut-être, déterminer les conditions de son application, relativement aux agens qui seraient chargés de son exécution ; les esprits pourraient être du moins en partie rassurés. Mais non, on a posé le principe, et tout a été terminé sur cet important objet. Le choix des censeurs, qui touche de si près à la juste application de la loi, qui peut l'intervertir de tant de manières, et la changer en une disposition si onéreuse à l'esprit humain, et si fatale même à l'ordre public : tout cela a été passé sous silence. Ce vif intérêt, si solennellement témoigné pour *la liberté illimitée de la presse*, s'est évanoui devant le principe qui l'anéantit ; on a forgé des chaînes et on n'a pas songé à les rendre supportables ; de sorte qu'une inquiétude pénible, mais inspirée par de bien plus justes motifs, survit encore à celle qui a si vivement agité les esprits pendant la discussion de la question principale.

Je rends sans doute, et je me plais à le consigner ici; je rends un sincère hommage aux intentions du gouvernement : je crois, qu'après avoir posé dans l'acte constitutionnel le principe *du libre exercice de la pensée*, il lui a fallu de bien puissans motifs pour le soumettre à une disposition qui le renverse : je vais plus loin encore; je crois que, connaissant l'esprit actuel de la nation, l'état des lumières et de la civilisation en France; le choix des censeurs sera inspiré par des vues et des intentions libérales; qu'on ne voudra pas faire rétrograder l'esprit humain, ni le faire dépendre des opinions ou des passions individuelles.

Mais qui ne sait combien le gouvernement, obsédé par l'intrigue et par des passions couvertes d'un masque séduisant, est souvent peu le maître de placer dignement sa confiance, et d'assortir ses agens aux vues bienfaisantes qui l'animent? Voilà pourquoi j'ai osé m'associer pour ainsi dire à ses desseins, en présentant dans cet ouvrage quelques idées sur les *dispositions morales, politiques et intellectuelles*, qui m'ont paru nécessaires à l'exercice de la censure. Je les terminerai par des observations sur la *Critique littéraire des ouvrages*. La sorte d'analogie qui existe entre ces deux espèces de censures, m'a inspiré l'idée d'en exposer sous un même coup-d'œil les abus et les devoirs. Je vais essayer de remplir ma tâche avec tous les égards dus aux personnes, mais en même temps avec toute l'indépendance que réclame l'importance de mon double sujet. Je ne demande d'indulgence que pour la manière de le traiter.

Des Dispositions morales d'un Censeur.

On ne peut pas disconvenir que l'exercice de la censure n'ait de grands inconvéniens, à ne considérer d'abord l'homme que sous le rapport de son cœur, de ses passions, de ses préjugés, de l'inconstance de son humeur, de la mobilité de ses principes, de la nature de ses affections particulières; et que les suites peuvent en être d'autant plus graves, qu'aucun moyen extérieur de répression n'en arrête, n'en comprime les effets.

Ailleurs, un dépositaire infidèle, par exemple, peut être retenu par la crainte des lois : mais qui garantira l'intégrité du dépôt littéraire confié à un censeur, qui ne répond à personne de l'abus de ses fonctions, qui est hors de la surveillance des lois, et qui peut impunément ravir à un auteur sa propriété la plus sacrée, celle de sa pensée? Quelle probité! quelle rectitude de principes ne lui faut-il pas dans ces momens où peut-être son amour-propre est intéressé à la violation du dépôt dont il dispose! Je me le représente seul, dans son cabinet, lisant un manuscrit fécond en conceptions neuves, en procédés utiles, en idées qui doivent assurer à son auteur la célébrité et les encouragemens qui marchent à sa suite : qui peut l'empêcher de prendre la plume, d'extraire de cet ouvrage tout ce qui tente son ambition, et de s'en approprier le mérite? Qui peut l'empêcher d'en donner communication à des rivaux intéressés au discrédit de celui qu'il dépouille; de faire métier et marchandise de ses idées, et d'en enrichir un étranger assez lâche pour en payer l'indigne trafic? Et observez qu'il le peut d'autant plus, qu'aucune publicité constatée n'assure encore à l'écrivain dont il fait sa proie, la propriété exclusive de ses travaux; et que l'on peut rejeter sur la singulière rencontre de deux talens s'occupant d'un même objet, l'identité qui se trouvera dans la suite entre leurs productions. Disons-le hautement : ce danger qu'éprouve un auteur, dans le secret de la censure, n'est point une chimère; la république des lettres a vu plus d'une fois dans son sein des scandales, qui n'avaient pas d'autre principe. Les accusations de *plagiat*, dont la diffamation, pour comble d'iniquité, tombait quelquefois sur l'écrivain sacrifié, n'étaient que trop réelles. Mais la source, où en était-elle? dans l'abus de la censure, dans les communications indiscrètes ou perfides d'un censeur, dans l'odieuse violation du dépôt confié à sa bonne foi.

Et ce n'est pas seulement dans ce cas que le sort d'un écrivain se trouve compromis, en passant par l'épreuve de la censure. Il a autant d'écueils à redouter, qu'il y a de passions actives dans le cœur de celui qui l'exerce. Que deviendra-t-il encore, si l'*envie*, ce sentiment dont il est quelquefois si difficile aux âmes les mieux faites de se défendre, cette passion qui supporte avec tant de dépit tout ce qui l'excite, vient saisir le censeur au moment où il tient dans ses mains le sort de l'ouvrage qui blesse son orgueil, où il peut verser sur lui le venin de son âme jalouse, et décider de son existence ou de son néant? Croit-on, si l'inflexible équité n'a pas assez d'empire alors sur sa raison pour balancer ce sentiment impérieux, qu'il puisse résister à la séduction de l'anéantir, ou d'en entraver la publicité !

Et que sera-ce encore, si le censeur est un homme de lettres et auteur lui-même ? Je le dis avec franchise, mais non sans quelque honte ; le plus grand danger des écrivains serait d'avoir pour censeurs des hommes courant la même carrière qu'eux. Rien n'égale peut-être l'irritabilité secrète qu'excite dans le cœur de la plupart des gens de lettres la concurrence des talens ou du mérite. Ils osent bien les flétrir en public, aux risques souvent de s'exposer au reproche de mauvaise foi : que serait-ce donc, s'ils pouvaient, avec une entière impunité, en secret, et sans avoir à redouter les réclamations de leur victime, les traverser dans leur marche, les vouer aux rebuts, et les réduire au découragement, suite presque toujours infaillible des dégoûts d'une censure injuste? Leur envie, souvent impuissante ailleurs, serait ici le coup le plus mortel porté aux progrès des lumières. En arrêter le cours pour fixer exclusivement sur eux l'admiration et les éloges publics, est pour leur cœur une jouissance à laquelle ils immoleraient, s'ils le pouvaient, l'esprit humain lui-même.

J'aurai occasion de parler ailleurs des effets de la passion de l'envie chez les hommes de lettres; je me borne ici à considérer leur influence dangereuse dans l'exercice de la censure, et je ne puis que regarder comme une grande erreur, celle qui fait appeler particulièrement à ses fonctions, des hommes qui appartiennent à cette classe. C'est les mettre dans la position la plus délicate pour leur amour-propre; c'est les exposer à une séduction qui va droit à la passion la plus active de leur cœur ; c'est les constituer juges et parties dans une cause dont l'objet ne les concerne pas. Et comment voudriez-vous qu'un censeur, *écrivain dramatique*, jugeât équitablement d'une *pièce de théâtre*, qui pourrait appeler sur son auteur les regards publics, et effacer les impressions qu'il a lui-même produites? Préoccupé de la passion de l'envie, que réveille cette pièce rivale, il y trouvera toujours, soyez-en sûr, en isolant les idées, en les interprêtant suivant les intérêts de ses sentimens secrets, de quoi la renverser, et un prétexte suffisant pour la faire rentrer dans le portefeuille de son auteur, ne fut-ce que pour un moment. Ce n'est point en censeur honnête homme et juste qu'il la jugera ; mais en auteur passionné pour qui toute rivalité est un poignard dont les coups ne se pardonnent jamais.

Mais que deviendra, dans le secret de la censure, un écrivain, s'il rencontre dans son juge un *ennemi par prévention :* car qui ne sait qu'il existe de ces sortes d'inimitiés, et que le nom seul d'un homme suffit pour réveiller des haines implacables ? Cet effet déplorable de l'injustice des passions humaines, est particulièrement le résultat actuel de la divergence des opinions qu'ont occasionnée les évenemens politiques, dont nous avons vu le torrent s'écouler sous nos yeux, et qui tour-à-tour ont entraîné et égaré les esprits. Le monument le plus triste de ces divisions, sont les animosités concentrées et profondes dont elles ont déposé le germe dans les cœurs, et qui sont toujours prêtes à éclater dès que l'objet qui les excite se trouve exposé à leur action malfaisante. Les hommes sur-tout qui ont écrit et publié leurs opinions, sont sujets à cette proscription individuelle; leurs noms sont connus dans le parti opposé, et la haine, avec ses mains de fer, les a gravés en caractères ineffaçables dans les cœurs. Que peut devenir, encore une fois, l'exercice de la censure dans cette supposition? et quelle justice peut en espérer un auteur, si le censeur n'a pas assez de probité et de grandeur d'âme pour imposer silence à ses préventions haineuses? Ecrivains qui avez à redouter cette épreuve! gardez-vous bien d'attacher votre nom à votre ouvrage. A son aspect, je vois le sourcil du censeur se froncer, et les sombres impressions de la haine obscurcir son front; son œil trouble, en le lisant, croit y voir par-tout le germe des opinions qu'il proscrit dans son cœur; avant de l'avoir terminé, votre arrêt est prononcé; vous ne verrez pas le jour....

Mais vous, au contraire, dont le nom rappelle un zélé partisan des opinions du censeur; ah ! n'oubliez pas de graver en grandes lettres votre nom sur le frontispice de votre écrit ; sa bienveillance, échauffée par des souvenirs qui flattent son cœur, vous pardonnera tout; son front s'est éclairci, le calme est rentré dans son âme; du fond de son cabinet, il présage à vos travaux les plus brillans succès; il applaudit à chacune de vos phrases. Heureux, si vous avez eu l'adresse d'y jeter quelques-unes de ces réflexions qui vont droit à ses passions ! votre triomphe est certain ; vous passerez, avec les honneurs d'une bienveillante censure, sous les presses d'un imprimeur; et votre livre, prôné d'avance par votre juge lui-même et par ses amis, n'aura qu'à se montrer pour enlever les suffrages.

Ceci me conduit naturellement à parler des inconvéniens non moins dangereux attachés au ministère de la censure, quand il est exercé par des hommes qui, par état, par profession, et par zèle, sont disposés à s'opposer à la publicité des idées philosophiques et libérales, et à frapper d'anathême tout ce qui sort de la ligne de leurs opinions. Mais avant d'établir l'incompatibilité de leur caractère avec l'exercice de la censure; posons en principe qu'il est bien différent d'écrire sur la religion, ou sur des objets qui peuvent plus ou moins s'y rattacher; ou d'écrire contre la religion. Dans ce dernier cas, il n'y a pas de doute, comme je le dirai encore ailleurs, que tout écrit qui tendrait à renverser, à outrager la religion, devrait être rigoureusement proscrit par la censure: un état n'est jamais plus solidement assis que lorsqu'il pose sur cette base sacrée; et attaquer ce principe, c'est évidemment ébranler tout l'édifice social. Mais, en est-il de même des écrits sur la religion ou sur des questions qui s'y rapportent? non, sans doute. Dans l'état actuel de la France, on sent qu'il doit être nécessairement permis à des partisans ou à des ministres des églises chrétiennes dissidentes, d'écrire sur leurs dogmes, sur leur doctrine, et d'animer à la fidélité et à la foi, les sectateurs de leur culte.... Si le fanatisme pouvait prévaloir, et qu'on en vînt jusqu'à proposer l'établissement de l'inquisition; il devrait encore être permis, sans doute, d'écrire sur cette institution éternellement odieuse.... Si le pontificat de Rome s'avisait de ressusciter ses anciennes prétentions; le devoir de tout Français, sachant tenir une plume, serait de s'élever contre ces abus, désormais intolérables, de la puissance spirituelle. Je ne mets que ces exemples en avant; il en serait mille que je pourrais citer, et qui tous prouveraient l'utilité, la nécessité même d'écrire sur des objets de religion; ce que je dis ici moi-même pourrait être une de ces preuves. Hé bien! voudriez-vous constituer pour censeurs de ces sortes d'ouvrages des hommes du caractère dont je les ai supposés? Cela n'est pas possible; vous les mettriez en opposition avec eux-mêmes, et vous les outrageriez en quelque sorte, en les croyant capables d'un désintéressement qui n'est ni dans leurs principes, ni dans l'expérience de leur conduite. Qui ignore que les idées philosophiques n'ont jamais été dans le sens de leurs opinions, et que nos plus beaux ouvrages dans ce genre, sont enveloppés dans une proscription commune? Il a fallu toute la puissance de Louis XIV pour faire passer à la postérité le *Tartufe* de *Molière*. Etablissez des prêtres pour censeurs, et les mêmes oppositions pour tout écrit qui tendrait à éclairer les esprits sur l'hypocrisie religieuse, renaîtront: le progrès des lumières n'a rien changé au caractère fondamental du sacerdoce. Je ne puis blâmer ses ministres de cette opiniâtreté; elle tient sans doute à la rigidité de leurs principes: mais je pourrais encore moins approuver qu'on en fît dépendre le perfectionnement de l'esprit humain, en les plaçant au premier passage des lumières, et en leur abandonnant la faculté de pouvoir les étouffer dès leur berceau.

Enfin, un des inconvéniens les plus décourageans peut-être des abus de

la

la censure, c'est lorsqu'elle est exercée par des hommes qui, méconnaissant les égards qu'ils doivent à des écrivains déjà si blessés par les assujettissemens inévitables de cette institution, ajoutent encore à leur humiliation, en trompant leur attente inquiète par des longueurs interminables, en prolongeant à l'excès l'examen de leurs écrits, et en suspendant leur décision par négligence, ou peut-être par d'autres sentimens plus outrageans encore. Ces abus de la censure ne sont pas rares; et c'est sur-tout ce qui appelle sur elle l'indignation de ceux dont elle a déjà mis la patience à de si grandes épreuves. J'ai connu des hommes de lettres dont la haine pour la censure n'avait pas d'autre principe. Leurs plaintes pouvaient être exagérées; mais, à les entendre, tout conspire à la Direction de la librairie, à augmenter les dégoûts dont on y abreuve les écrivains, depuis les bureaux où le manuscrit reste souvent oublié pendant plusieurs jours, jusqu'au cabinet du censeur, où il a le temps de se couvrir de poussière, avant d'être nonchalamment, et à de longs intervalles, feuilleté par son juge. Si ces allégations étaient vraies, il faudrait convenir que la censure serait la plus décourageante des institutions pour un écrivain, et en même temps la plus outrageante pour son amour-propre; et la haine qu'on lui porte me semblerait suffisamment justifiée par ce défaut des premières convenances.

A tous ces abus, opposons les dispositions morales qui peuvent y remédier, ou du moins qui peuvent les adoucir; car la censure aura toujours des inconvéniens auxquels il faut avoir le courage de souscrire. Ces dispositions sont *la probité*, *la grandeur d'âme*, *l'impartialité*, *la noble passion des lumières*; et *le respect des convenances*, qui est une suite des premiers devoirs de la censure. Combien cette institution devient rassurante, quand on se la représente associée à ces vertus ! Non, je ne craindrai plus de vous confier le fruit de mes travaux, censeurs, qui serez animés de ces dispositions consolantes ! Avec *la probité*, vous regarderez mon écrit comme un dépôt dont l'inviolabilité entre vos mains doit être sacrée et à l'abri de toute atteinte. Avec *la grandeur d'âme*, vous serez supérieurs aux lâches séductions de l'envie, qui flétrit de son souffle tout ce qui l'approche ; vous chercherez dans mes écrits, non ce qui pourrait intéresser votre amour-propre et le blesser, mais s'ils répondent aux vues d'utilité, d'ordre public, dont les grands intérêts vous sont confiés. Qu'importe que je paraisse à vos yeux avec un nom flétri par l'esprit de parti, ou avec des opinions qui ne seraient pas les vôtres! Inaccessibles à tout retour sur vous-mêmes, et déposant toute prévention, comme une source d'injustices et de jugemens faux; vous examinerez mes ouvrages dans toute l'*impartialité* de votre cœur. Animés par *la noble passion des lumières*, vous poserez d'une main ferme la barrière qui sépare les écrits impies et dangereux de ceux qui ont pour objet de guérir l'humanité de ses préjugés et de ses erreurs, de la sauver de tous les extrêmes, d'agrandir sa carrière en perfectionnant ses lumières, et d'augmenter la somme du génie national; vous peserez dans une juste balance ces grandes considérations d'utilité publique, avec celles des intérêts individuels ou de corporation, et vous laisserez prononcer votre inflexible équité. Enfin, calme et tranquille sur le destin de mon ouvrage, je serai sûr que son examen n'excitera ni vos dégoûts ni vos dédains; que vous vous en occuperez avec un sentiment inaltérable de *respect pour vos devoirs*, et d'*égards pour son auteur, quel qu'il soit*; que vous sentirez, que vous partagerez son inquiète sollicitude, et que vous ne voudrez point l'aggraver par des lenteurs mortifiantes, dont son amour-propre indigné ferait retomber les effets sur vous et sur l'institution dont vous êtes les ministres. Tel sera en un mot l'ascendant de vos vertus sur mon cœur, que même, dans la disgrace de mes écrits, je ne cesserai de leur rendre hommage, rejetant alors sur mes erreurs involontaires un arrêt de défaveur que la justice seule vous aurait forcés de prononcer.

Vous à qui le choix si délicat des ministres de la censure appartient, et qui savez quelles vives inquiétudes a fait naître dans tous les esprits, quelles fortes oppositions a éprouvées le projet du maintien de cette institution, quand on l'a considérée dans ses agens et dans les abus possibles de leurs fonctions : le jour où vous avez triomphé de ces inquiétudes et de ces oppositions, vous avez pris un grand engagement ; celui de mettre la censure sous la sauve-garde des vertus nobles et généreuses de ceux à qui vous en confieriez l'exercice. Telle est donc votre position, que, de l'exécution de cet engagement, dépendent, et la justification des motifs qui vous ont animés, et la preuve de votre respect pour les droits de la pensée. Tout est sauvé pour l'honneur de la censure, et j'ose dire pour le vôtre, si vos choix sont dignes : cette juste compensation des entraves mises à la liberté de la presse, si solennellement promise, fléchirait peu à peu toutes les répugnances, et réconcilierait enfin les esprits avec vos mesures. Mais, avec quelques modifications que vous ayiez présenté l'organisation de la censure, si le choix de ses ministres ne répondait pas à l'attente publique, à l'esprit actuel de nos mœurs et de notre civilisation, tout serait flétri, et pour cette institution, et pour les intentions qui l'ont inspirée ; les alarmes qui ont retenti à la tribune législative seraient justifiées ; nous n'aurions secoué les fers d'une tyrannie audacieuse qui poursuivait la pensée jusque sous la plume de l'écrivain solitaire et libre, que pour tomber sous une tyrannie sourde, ténébreuse et de détail, non moins oppressive; le seul dédommagement qui pouvait nous consoler des chaînes de la censure, se serait évanoui comme une illusion mensongère; et il ne resterait de vos protestations consignées dans tous nos monumens, qu'un souvenir vain, dont les conséquences tourneraient à la fois contre votre ouvrage et contre vous.

Des Dispositions politiques d'un censeur.

Mais ce n'est pas seulement des dispositions morales d'un censeur que dépend l'intégrité des fonctions qui lui sont confiées; un plus grand intérêt que celui des écrivains est remis entre ses mains; c'est celui de l'ordre public. Exposons les devoirs de la censure ministérielle sous cet important rapport : la carrière est noble et belle, et je sens que ma plume est prête à seconder les sentimens qui soutiennent mon projet.

L'intérêt politique était la seule chose qui pût justifier l'établissement légal de la censure ; et l'on doit croire que cet intérêt a été en effet l'unique raison qui en a déterminé la proposition. Rien ne peut être mis en balance avec les hautes considérations d'ordre public ; il n'y a point de contre-poids devant un pareil motif ; et si l'on a réellement vu que la sûreté de l'État pût être compromise par les effets de la liberté illimitée de la presse, on est forcé de convenir qu'il y a eu une grande sagesse de la part du gouvernement à fixer des bornes à cette liberté, et à la soumettre à des mesures qui pussent en prévenir les dangers.

Je ne renouvellerai point ici la question qui a été agitée sur ce grand sujet, où de part et d'autre les raisons les plus puissantes ont été présentées à l'appui des opinions contraires. Je m'en tiens à l'idée que l'intérêt politique est et doit être au-dessus de toutes les considérations ; et, supposant que la censure n'est établie que pour ce grand but, je cherche quel est le devoir d'un censeur sous ce rapport, et quelles sont les dispositions politiques avec lesquelles il doit exercer la censure. Je les trouve renfermées dans ces deux conditions : proscrire rigoureusement tous les *écrits destructeurs de l'intérêt politique*, et admettre nécessairement à la publicité tous les *écrits conservateurs de l'ordre public*. C'est à ces deux points de vue que je vais borner mes observations.

Sous le premier rapport, le devoir d'un censeur est incontestable et n'a pas besoin d'être démontré. Il serait affreux de penser qu'un écrivain pût, au gré de sa perversité, venir troubler l'ordre public par des écrits dangereux, et livrer la société au désordre des passions agitées. Du moment que les bases politiques et morales d'un État sont posées, c'est un crime de chercher à les ébranler. La ligue contre ces sortes d'ouvrages devrait être universelle ; et la preuve peut-être la plus fatale de la démoralisation publique, c'est l'accueil qu'ils reçoivent et la vogue qu'ils obtiennent. Malheureusement, ces sortes d'écrits ne passent guère sous les yeux de la censure ; la malveillance ne se présente point ainsi en face des hommes ; elle se cache, et fait circuler son venin par des voies détournées et ténébreuses. Mais quand elle s'offre aux regards de la censure, c'est à ses ministres, sentinelles avancées de la société, à la faire rentrer dans le néant : il ne faut qu'être bon citoyen pour sentir la nécessité de ce devoir. L'institution de la censure, dans ce cas, est un bienfait qui mérite toute la reconnaissance publique. C'est par elle que les familles sont préservées de l'invasion des livres corrupteurs, qui vont tarir la vertu jusque dans le sein de l'innocence, et la disposer à des désordres qui feraient peut-être un jour leur désespoir et leur opprobre. C'est par elle que la religion, ce frein salutaire de la licence et du crime, cet appui consolateur de la vertu opprimée ou malheureuse, est défendue contre les ouvrages fanatiques ou impies qui l'attaquent également et brisent ainsi les premiers liens de l'ordre social. C'est par elle que l'État est garanti des écrits séditieux qui agitent les passions, soulèvent les partis, provoquent à l'insubordination des lois, arment les sujets contre leur prince, et font de la patrie une arène où l'anarchie seule distribue ses poignards, étend ses proscriptions et exerce ses fureurs.

Il faut l'avouer cependant, cette salutaire fonction de la censure, quelque simple qu'elle paraisse d'abord, ne laisse pas d'avoir des écueils dangereux pour les droits de la pensée et pour l'ordre public lui-même, dans les diverses modifications politiques que les passions peuvent imprimer aux gouvernemens.

Qu'on se figure un régime tyrannique, et dès-lors nécessairement ombrageux. Ce qui arriverait sous l'influence d'un pareil gouvernement, est encore présent à notre pensée. Là, sous mille plumes vénales, seraient présentés et justifiés les principes les plus destructeurs de tout intérêt politique; on y prodiguerait l'adulation et la louange aux caprices les plus insensés du tyran; les droits les plus sacrés du peuple lui seraient sacrifiés sans pudeur ; et si, pour comble d'outrage, la censure avait la lâcheté d'obéir à cette impulsion fatale, elle y deviendrait une inquisition odieuse dont les agens seraient toujours prêts à torturer la pensée de toutes les manières possibles, pour en extraire ce qui pourrait effaroucher la politique ombrageuse du despote, et lui applanir le chemin de l'arbitraire : il faudrait alors se résoudre au silence, ou s'attendre à être mutilé, réduit, jusqu'à extinction de toute idée libre et généreuse ; tout ce qui en porterait l'empreinte serait traité de révolte, de sédition, et proscrit comme tel (1).

Supposons encore un gouvernement superstitieux, dévot, tout entier livré aux doctrines inquisito-

(1) *Voyez* le règne de Napoléon.

riales du faux zèle; et à côté, une censure assez dégradée pour conformer ses dispositions à cet esprit. Que serait alors cette institution? un tribunal de bigotisme, devant lequel devraient s'abaisser les esprits les plus élevés; plus d'écrits en faveur des idées libérales qui pussent y prévaloir; des lâches, perdus d'honneur et plongés dans la fange des vices, s'y présenteraient avec le masque et le langage de l'hypocrisie religieuse, et y recevraient, pour leurs ouvrages, la sanction d'une honorable publicité; les principes de l'intolérance et du fanatisme y seraient accueillis comme les soutiens légitimes du trône et des autels; on pourrait y ressusciter, en projets, toutes les institutions superstitieuses et atroces des siècles d'ignorance et de barbarie; s'y déchaîner en sûreté contre tout ce qui élève l'esprit humain, et y préparer ainsi la proscription des lumières et celle des hommes qui les propagent (1).

Qu'on se représente, d'un autre côté, un gouvernement livré à la licence et au désordre des mœurs, et la censure, complice, par impulsion ou par flatterie, de cettte corruption : alors, plus d'asile contre le torrent des écrits audacieusement licencieux qui, échappés à sa coupable indulgence, iraient exercer leurs ravages dans toutes les classes, et y répandre le germe si fatal des désordres publics. Cette complicité de la censure, barrière naturelle des mœurs, avec les vices émanés de la puissance, cet empire d'un exemple imposant de dépravation, fortifié par des écrits corrupteurs

(1) *Voyez* la fin du règne de Louis XIV.

qui en propageraient par-tout la funeste imitation, serait sans contredit le fléau le plus dangereux des Etats. L'action lente, mais sûre, des mauvaises mœurs descendues du trône, est la source dans laquelle il faut chercher sur-tout la cause de la dégradation des gouvernemens, et des révolutions qui marchent à sa suite (1)..........

Enfin, que l'on se figure un gouvernement faible, et l'Etat abandonné à l'influence d'un ambitieux puissant et en crédit, qui, pour se frayer un chemin au pouvoir, emprunte la plume avilie des écrivains sans patrie comme sans honneur, fomente, par le secours de leurs libelles, des séditions et des partis, et fonde ses triomphes sur les déchiremens et

---

(1) *Voyez* le siècle de la régence, et surtout le règne de Louis XV.

les crimes de l'anarchie : que deviendra l'ordre social, si la censure, sans force et sans courage, ouvre alors la porte aux écrits émanés de cette source impure, et sacrifie l'intérêt politique à l'influence des partis ? Autant sa résistance serait alors honorable, autant sa faiblesse serait criminelle, et tournerait à sa honte. Les maux qui en seraient la suite attesteraient à jamais, avec les ouvrages dont elle aurait permis la fatale publicité, les dangers de cette institution entre les mains d'hommes accessibles à la corruption, ou trop faibles pour soutenir le poids de leurs devoirs (1).

Il est donc vrai qu'il n'y a qu'un gouvernement fondé sur les lois, inspiré par des idées libérales, plein de sa dignité et de respect pour les

---

(1) *Voyez* les dernières années du règne de Louis XVI.

mœurs, et en même temps ferme dans l'exercice de ses droits, qui puisse communiquer à la censure le caractère qui convient à la nature de ses fonctions. Nous avons tant de fois appris à nous méfier des prémices d'un gouvernement, que je n'ose dire si cette institution prendra et conservera long-temps parmi nous ce beau caractère d'utilité publique. Je m'intéresse peu aux écrits séditieux ou corrupteurs, qui, seuls, dans cette supposition, auraient à redouter ses regards et ses jugemens: mais qui ne serait affligé des outrages préparés à l'esprit humain, et en même temps des dangers qui menaceraient l'ordre social, si la censure pouvait être modifiée au gré des passions et des caprices du gouvernement? C'est alors qu'elle deviendrait une institution vraiment ennemie, qu'il faudrait abolir comme un fléau social : *Car elle n'est pas seulement, dans l'ordre politique, la sauve-garde des gouvernemens contre les écrits dangereux ; mais encore la sauve-garde des peuples contre les abus et les passions des gouvernemens*. Otez son indépendance entre ces deux principes destructeurs de tout ordre public ; faites-en l'instrument des tentatives immodérées du pouvoir, ou bien la complice de la malveillance des écrivains incendiaires ; et l'intérêt politique sera également compromis. Dans le premier cas, elle ouvrira la porte aux invasions de l'arbitraire, en n'admettant que des écrits qui pourraient le favoriser et le justifier ; et, dans le second, elle laissera les poisons les plus dangereux circuler dans la société ; en y permettant la publicité des écrits qui attentent à la morale, aux lois, et à l'ordre public.

Dans le premier, elle préparera l'asservissement des peuples; et dans le second, elle les précipitera dans les désordres de la corruption et de la licence. Dans tous les deux, en un mot, elle sera elle-même le premier et le plus coupable instrument de la désorganisation sociale, et à ce titre, la plus fatale des institutions que les humains aient pu imaginer pour leur malheur.

Mais une épreuve non moins délicate attend encore les censeurs dans l'exercice de leurs fonctions. Il ne s'agit pas toujours pour eux de proscrire les écrits destructeurs de l'intérêt politique, de quelque source qu'ils émanent; un devoir aussi impérieux leur fait une loi d'admettre à la publicité *tous les écrits conservateurs de l'ordre social*, quels que soient les abus qu'ils dénoncent, et les individus responsables, compromis dans la manifestation de ces abus.

C'est ici, je l'avoue, la partie la plus difficile, et souvent la plus pénible des devoirs des censeurs. De qui tiennent-ils leur existence ? du pouvoir. Par conséquent, un secret sentiment de reconnaissance les lie à ceux qui vraisemblablement n'ont cédé qu'à leurs instances et aux promesses d'un dévouement sans bornes : car il est bien rare qu'on aille chercher l'homme qui ne demande rien, et dont l'austère inflexibilité ne promet aucun ménagement. De plus, comment existent-ils ? d'une manière précaire, incertaine et entièrement dépendante de la volonté du pouvoir ; par conséquent, ils ont intérêt à ménager, à cultiver sa bienveillance. Enfin, qu'espèrent-ils de leurs travaux dans la carrière qui leur est confiée ? de plus grandes faveurs encore, et des faveurs proportionnées à leur zèle : ceux qui les dispensent sont peut-être les amis, les parens, les collaborateurs de ceux qui ont déjà satisfait à leurs vœux ; par conséquent une longue chaîne de bienséances, de soins et d'égards, les lie à une foule d'hommes en crédit qui, tous, peuvent être leurs patrons et leurs avocats dans la poursuite des faveurs et des emplois qu'ils désirent. Ces considérations là sont dans la nature du cœur humain ; il faudrait refaire les hommes pour qu'elles n'y fussent pas.

Quelle est cependant la fonction des censeurs ? Souvent d'admettre à la publicité, en faveur de l'intérêt public, des ouvrages qui, en attaquant une administration vicieuse ou coupable, doivent livrer à l'animadversion du Prince et à l'indignation publique ceux qui en tiennent les ressorts et peut-être opérer leur disgrace. Que feront-ils dans cette position délicate? sacrifieront-ils l'intérêt politique à leurs vues, à leurs sentimens secrets, en arrêtant ces écrits? mais ils vont laisser se fortifier des abus dangereux dont l'évidence est effrayante. Préféreront-ils l'intérêt public à leurs espérances, en autorisant la publicité de ces mêmes écrits? mais ils vont appeler sur eux la haine et peut-être la vengeance de ceux dont ils attendaient des bienfaits.

Tranchons le mot : si le censeur hésite dans cette circonstance; si l'intérêt public n'a pas assez d'empire sur son cœur pour lui faire sacrifier toutes les considérations personnelles qui peuvent le toucher; il n'est pas digne d'exercer la censure; et, loin d'être un citoyen utile à son pays, il en devient l'ennemi le plus coupable

et

et le plus dangereux. Censeurs ! qui lisez ceci, vous êtes des hommes sans doute; mais j'en appelle aux grands intérêts qui vous sont confiés; deviez-vous vous exposer aux séductions de votre place, si vous ne vous sentiez pas la force de leur résister; si vous ne vous étiez pas armés auparavant de tout ce que l'honneur, l'amour de la patrie et une conscience religieuse peuvent fournir de résolutions fortes contre les tentations de l'intérêt individuel? Quoi! vous pourriez étouffer la voix de l'opprimé en faveur d'un oppresseur en crédit! vous pourriez arrêter des écrits généreux destinés à porter le flambeau sur des abus qui outragent toute justice, parce qu'ils affligeraient des hommes en place, qu'ils contrarieraient leur ambition, qu'ils déchireraient le voile de leur conduite odieuse et vexatoire! Quoi! les rebuts seraient pour l'écrivain utile qui ose élever la voix pour dénoncer l'iniquité ; et les ménagemens, pour un mauvais citoyen jouissant avec arrogance du fruit de sa perfidie ou de ses extorsions! Où en serait donc la société, si un pareil renversement de choses pouvait prévaloir dans l'exercice de la censure, et quel affreux brandon on aurait lancé dans l'État, en y maintenant cette institution!

Mais peut-être est-ce une calomnie, dites-vous. Ce n'est point à vous à discuter cela : si c'est une calomnie, les tribunaux sont là pour en punir l'auteur, et pour en venger celui qui en est l'objet. Mais les abus sont inséparables du pouvoir, ajoutez-vous; et il est à craindre qu'en attaquant les abus, on n'ébranle la chose elle-même. Vains prétextes! avec lesquels on laisse en paix l'iniquité, tandis que tout un peuple gémit de ses attentats ; avec lesquels les abus, forts de l'impunité où on les laisse, du silence qui les entoure, deviennent des crimes intolérables qui, à la fin, ébranlent bien plus sûrement l'ordre public, et font couvrir de malédictions le gouvernement qui les souffre. Dites, dites plutôt, que vous tremblez pour vous ; que vous craignez de déplaire et de perdre les fruits de votre dévouement secret aux intérêts du pouvoir. Qu'est-ce qu'un malheureux écrivain que vous réduisez au silence ! il ne vous connaît pas : que vous importent son dépit et son indignation ! mais les agens de l'autorité de qui vous tenez votre existence, c'est autre chose : ceux-là vous connaissent ; ils ont les yeux ouverts sur vous, et c'est eux sur-tout qu'il faut ménager, qu'il faut entourer de votre sauve-garde, et auxquels il faut tout sacrifier pour votre intérêt ; c'est à eux qu'il faut dénoncer le manuscrit qui les attaque, et le nom de son auteur, pour leur désigner à temps la victime qu'ils doivent frapper ; c'est à eux qu'il faut porter en offrande, les cris impuissans de l'opprimé, les pleurs de la veuve et de l'orphelin dépouillés, les ruines de la patrie mise en lambeaux par ses indignes magistrats, les vains gémissemens de la liberté publique foulée et méconnue, les plaintes courageuses de l'honneur outragé, les larmes de l'innocence immolée. Quels surveillans, grand Dieu ! de l'ordre public, s'il pouvait en exister de tels ; et combien sont affreux les maux qu'ils prépareraient à leur patrie !

Car enfin, croirait-on être parvenu à étouffer les écrits délateurs destinés à traduire devant l'opinion des coupables titrés, pour les avoir une fois repoussés par les armes de la censure ? Non, et l'expérience ne vient que trop ici à l'appui des conséquences qui en résultent. L'indignation s'aigrit en raison des résistances ; les passions s'allument et mêlent leurs poisons aux mécontentemens qu'inspire une injuste partialité ; ce ne sont plus des écrits vigoureux, mais mesurés ; ce sont des écrits dictés par la haine et le dépit qui, ne raisonnant plus, brisent toutes les convenances, deviennent injustes à leur tour, appellent à grands cris les passions étrangères, provoquent à la sédition et *se changent en libelles :* on les soustrait à la censure ; on les fait imprimer clandestinement ou dans des pays étrangers ; on les verse avec profusion dans la société, qui les accueille dès-lors avec plus d'empressement et les paie avec plus de générosité. Ainsi, pour un indigne ménagement, inspiré par un vil intérêt personnel, l'ordre public est troublé, les partis se forment, le pouvoir tombe daus le discrédit et le mépris; tous les élémens de la discorde sont excités, et l'État se trouve menacé des plus grands malheurs.

On a demandé *un Code pénal contre les délits de la presse*, et tout le monde en a senti la justice; mais qui s'est avisé d'en demander un contre *les délits de la censure*? Et cependant, quels délits offensent de plus grands intérêts dans l'ordre politique, exposent l'ordre public à de plus grands dangers, violent des lois plus sacrées? On dit que le censeur ne doit compte de ses jugemens qu'à sa conscience; mais un juge prévaricateur, traduit devant les tribunaux pour avoir vendu la justice à prix d'argent, pourrait en dire autant; et cependant, serait-il admis à opposer sa conscience à l'action vengeresse des lois?

Législateurs ! vous sur-tout qui, par la crainte des abus que j'expose ici, avez combattu la censure avec les armes d'un patriotisme aussi éclairé que courageux, je vous propose un projet utile, un projet digne de vous. Si vous n'avez pu nous délivrer des chaînes de la censure, posez du moins un frein à l'infraction de ses devoirs. Négligez, si vous le voulez, les intérêts de la liberté de la pensée pour les écrits ordinaires, dont la publicité peut être arrêtée sans de graves inconvéniens ; mais quant à ceux qui intéressent l'ordre public, qui dévoilent des complots, des crimes politiques ; qui traduisent devant l'opinion de grands coupables ; qui dénoncent des abus funestes, et qui pourraient en arrêter par leur publicité les ravages ; mettez-les sous la sauve-garde d'une loi répressive ; ne les laissez point livrés aux jugemens arbitraires de la censure; enchaînez la conscience de ses ministres par la crainte d'une disgrâce inévitable et publique, s'ils en arrêtaient la marche. Je trouve les élémens de cette disposition dans l'organisation elle-même de la loi de la censure. Que tout écrit jugé utile à l'intérêt politique, et admis comme tel à la publicité par la *commission instituée pour réviser les jugemens de la censure*, soit l'arrêt de la condamnation du censeur qui l'aurait rejeté, et que sa destitution en soit le résultat nécessaire. Ou le censeur n'a pas eu assez de lumières pour sentir l'importance et l'utilité de l'ouvrage qu'il a refusé, ou il l'a rejeté par quelque ménagement coupable. Dans le premier cas, il est évidemment inhabile à remplir ses fonctions, et dans le second, il en est indigne.

Sans cette disposition, nul bien

réel à attendre de cette commission dont on a tant vanté l'établissement, et que l'on a crue suffisante pour servir de contre-poids aux abus de la censure. Que feront en effet à un censeur les jugemens de ce corps réviseur, tandis qu'ils n'influeront en rien sur son existence, et qu'il n'en continuera pas moins à exercer à son gré ses fonctions? Encore une fois, *établissez en loi que la commission, en prononçant l'admission d'un écrit dont la publicité importait à l'ordre public, prononcera en même temps la destitution du censeur qui l'aura rejeté;* ou plutôt, *établissez que sa destitution aura lieu par le fait même de cette admission:* et alors, par un effet nécessaire de cette loi, vous mettrez les censeurs en garde contre les séductions qui pourraient corrompre leurs jugemens; vous les rendrez plus circonspects, et vous assurerez bien mieux par cette disposition la liberté d'écrire sur des objets d'utilité publique, que par l'existence d'une commission dont les jugemens ne répareront qu'une partie des maux d'une censure abusive, et en laisseront subsister le principe.

Des Dispositions intellectuelles d'un Censeur.

Quand on réfléchit sur le sort d'un écrivain passant par les épreuves de la censure, on ne peut véritablement que gémir, en considérant la nature et la multiplicité des obstacles contre lesquels cette institution le force de lutter. Je suppose son manuscrit parvenu entre les mains d'un censeur, dont les dispositions morales et politiques lui garantissent une exacte justice, une inflexible impartialité, et des intentions libérales : est-ce là tout? non, il lui reste encore une épreuve à subir dans la trempe du jugement de son examinateur et dans ses dispositions intellectuelles.

En sera-t-il bien lu, bien compris? Sa manière d'écrire, la contexture de ses idées, sa méthode de les classer, de les enchaîner, de les ponctuer, tout cela sera-t-il saisi avec une telle justesse, que le véritable sens du discours ne puisse échapper à l'intelligence du censeur? Qui l'interprétera en cas de difficulté? qui expliquera sa pensée sous des signes extérieurs souvent difformes, quelquefois raturés, et dont l'auteur seul peut avoir la clef? Personne n'est là pour faire cet office; il est seul avec l'intelligence de son juge. Que deviendra-t-il, si cet unique arbitre de son sort a un jugement borné, faux, peu exercé, et incapable de le suivre dans la série de ses idées, de demêler son intention principale des pensées accessoires, et d'établir son jugement sur l'ensemble de son travail? Qui lui répondra que son manuscrit puisse subir sans risques cette épreuve; que ce qu'il a écrit dans un sens, ne sera pas interprété dans un sens opposé, et que le censeur, en le rejetant, n'y a été déterminé que parce qu'il ne l'a pas bien compris, et qu'il a lui-même brouillé, confondu et dénaturé toutes ses idées?

Voilà pourquoi j'ai placé au nombre des dispositions nécessaires à l'exercice de la censure, celle qui a rapport à l'intelligence du censeur. Je ne m'appesantirai pas beaucoup sur cette dernière condition; mais je ne puis m'empêcher de la regarder comme aussi impérieuse que les autres, et de considérer comme absolument inhabiles à l'exercice de la censure, ceux qui n'y apportent pas un jugement sain, un esprit cultivé par la réflexion et par le travail, et une instruction soignée. Je vais plus loin encore, et je dis que les travers d'un jugement faux et peu éclairé sont bien plus dangereux que les travers du cœur : ceux-ci peuvent se corriger par la réflexion et par l'ascendant des motifs qui rappellent à la justice; mais qu'on essaie de redresser un jugement faux; on ne le pourra pas, sur-tout si la présomption et l'orgueil, comme cela arrive si souvent, viennent l'affermir dans son insuffisance; et telle est mon opinion à cet égard, que j'aimerais mieux encore dépendre des décisions d'un censeur immoral, mais éclairé, que de celles d'un censeur qui me jugerait à travers une intelligence irrévocablement frappée d'incapacité. Je ne vois rien de plus déplorable que ce destin.

DE LA CRITIQUE
LITTÉRAIRE
DES OUVRAGES;

De ses Abus, et des Moyens de la rendre à son utilité.

JE passe, dans cette seconde partie de mon ouvrage, à la discussion d'un sujet qui s'offre naturellement à l'esprit, quand on se représente la pénible carrière des épreuves que doit parcourir un écrivain, avant d'arriver à une entière publicité.

Heureux, et l'on ne sait trop pourquoi, celui qui se présente dans cette carrière, escorté d'un manuscrit équivalent à vingt feuilles, juste, d'impression! La plus grande partie de la course lui est épargnée; il n'a besoin, ni de se détourner pour aller, par l'intermédiaire d'un colporteur d'imprimerie, figurer dans les cartons de la direction de la librairie, et ensuite sur le bureau d'un censeur; ni d'attendre que son écrit, après avoir passé de main en main, et voyagé on ne sait où, lui soit remis avec ou sans le *permis d'imprimer*. Il va droit aux presses qui doivent l'exposer au grand jour; il y allège son porte-feuille de l'écrit qu'il destine à l'impression, et, quelques jours après, son ouvrage, quel qu'en soit le sujet, mais fort de ses vingt feuilles de matière, va rivaliser et étouffer de son poids sur les étalages des libraires, ses faibles cadets qui n'ont pu y arriver que tardivement, et après avoir été peut-être se faire mutiler, lacérer, estropier sous le ciseau de la censure.

Mais là, un sort commun les attend tous: et les *émancipés de la censure*, comme ceux qui portent les cicatrices honorables de ses mutilations, son impitoyablement destinés à le subir. *Ils doivent tous un tribut à la critique littéraire.* Je serais bien tenté de pousser jusqu'à vingt feuilles ce triste sujet. Il me semble, d'après un aperçu général, que la matière ne me manquerait pas : mais je craindrais qu'il ne m'arrivât, comme à tant d'autres, d'abuser des faveurs accordées, *par privilége*, aux divagations de l'esprit humain; et j'aime mieux rester dans les rangs des faibles enfans de la censure, pour être dans l'heureuse nécessité de me circonscrire, et pour énoncer modestement, sous les auspices de son approbation, mes idées *sur la Critique littéraire des ouvrages*, *sur ses abus*, et *sur les moyens de la rendre à son utilité.*

Je commence par émettre une opinion bien sincère. Je crois que la critique littéraire des ouvrages est une chose utile, nécessaire même. Nul homme ne peut prétendre à être parfait, et il serait ridicule que celui qui se présente pour éclairer les autres, ne voulût pas consentir à être éclairé lui-même. La vérité d'ailleurs est un bien qui appartient à tous ; nous sommes tous auxiliaires les uns des autres, dans sa recherche. De là la nécessité de se communiquer respectivement ses lumières, de se diriger, de se soutenir; non pas en ennemis qui ne combattent que pour se jeter à terre ; mais en confédérés qui, ayant le même intérêt et les mêmes besoins, unissent leurs forces, se prêtent une assistance paisible, indulgente, et marchent ensemble au but vers lequel ils tendent tous.

Heureux, quand la critique littéraire ne sort pas de cette ligne! c'est alors l'institution la plus favorable aux développemens et aux progrès de l'esprit humain ; la vérité en jaillit paisible et douce, répandant par-tout les salutaires influences de sa lumière: comme les passions n'en ont pas préparé le triomphe, elle n'a point de répugnances à vaincre, pour passer dans les esprits; elle est accueillie par ceux même qui, avant de l'atteindre, l'avaient le plus fortement combattue; et quand bien même son apparition serait incertaine, et que chacun croirait l'avoir trouvée pour soi; tel est l'empire d'une critique fondée sur le concours paisible des lumières! cette incertitude ne laisse ni levain ni ressentimens dans les âmes; les liens de la bienveillance universelle n'en sont pas rompus pour cela, et l'esprit humain continue à se perfectionner sur d'autres sujets avec les mêmes penchans à la concorde et à l'union des cœurs.

J'ai peint, je l'avoue, un tableau malheureusement idéal des effets de la critique : mais si elle est sortie de ses bornes, prenons-nous en à nous-mêmes qui avons corrompu la plus heureuse et la plus utile source de nos rapports mutuels ; les abus de la critique sont dans le naturel, dans les passions de ceux qui l'exercent, et non dans la chose en elle-même, qui est essentiellement bonne et nécessaire. On ne saurait assez déplorer les pertes que nous avons faites, en intervertissant ce noble principe de nos relations intellectuelles ; la vérité s'est enfuie au bruit de nos passions en tumulte, et nous n'avons eu à sa place que les déchiremens de l'envie, de la haine, de la persécution et de ses fureurs.

L'état actuel de la critique littéraire ne présente que trop d'applications de cette vérité. Essayons d'en exposer quelques-unes, et de faire rougir, s'il se peut, les hommes d'en être venus, sur un sujet aussi noble et aussi utile, à ce point de dégradation et d'aveuglement.

S'agit-il d'*ouvrages philosophiques*, uniquement bornés à la recherche et à la discussion des sciences humaines? tout aussitôt un cri d'alarme se fait entendre, et mille critiques, échauffés par un zèle vrai ou faux, aiguisent à la fois leur stilet pour en percer leurs auteurs. Il n'est pas un écrivain parmi ceux qui ont le plus contribué à augmenter la somme du génie national, qui n'ait été en butte à ce genre d'attaque; et ce système odieux a tellement prévalu, que les mots de *philosophe*, d'*athée* et d'*impie* sont devenus aujourd'hui presque synonymes dans la langue des critiques dont je parle. *Descartes*, sans faire mention de mille autres, Descartes, dont les argumens sont aujourd'hui les armes les plus fortes que l'on emploie contre les athées, fut accusé lui-même d'*athéisme ;* et ce grand homme, l'honneur de son siècle et de la nation, se vit condamné à subir les déplorables effets de la persécution que lui avaient attirée ses immortels écrits. Je ne puis m'empêcher de citer ici un morceau du célèbre *Montesquieu*, qui peint à la fois et le genre de critique dont il était devenu à son tour l'objet, et la juste indignation qu'il inspire aux âmes élevées.

« La théologie, dit-il, a ses bornes ;
» c'est là qu'il ne faut pas que le gé-
» nie prenne son essor ; on le cir-
» conscrit, pour ainsi dire, dans une
» enceinte : mais c'est se moquer du
» monde de vouloir mettre cette
» même enceinte autour de ceux qui
» traitent *les sciences humaines.*
» Les principes de la géométrie sont
» très-vrais ; mais si on les appli-

» quait à des choses de goût, on fe-
» rait déraisonner la raison même.
» Rien n'étouffe plus la doctrine que
» de mettre à toutes choses une robe
» de docteur. Les gens qui veulent
» toujours et tout enseigner, empê-
» chent beaucoup d'apprendre. On
» vient nous mettre un béguin sur la
» tête, pour nous dire à chaque mot:
» prenez garde de tomber. Vous vou-
» lez parler comme vous, je veux que
» vous parliez comme moi. Va-t-on
» prendre l'essor? ils vous arrêtent
» par la manche. A-t-on de la force
» et de la vie? on vous l'ôte à coups
» d'épingle. Vous élevez-vous un
» peu? voilà des gens qui prennent
» leur pied ou leur toise, lèvent la
» tête, et vous crient de descendre
» pour vous mesurer. Il n'y a ni
» science ni littérature qui puisse
» résister à ce pédantisme. Notre
» siècle a formé des académies; on

» voudra nous faire rentrer dans les
» écoles des siècles ténébreux ». (1)

C'est bien là l'espèce de critique avec laquelle on accueille généralement les nobles efforts de la raison dans la carrière des sciences humaines. Qu'en résulte-t-il? qu'on rétrécit nécessairement le génie, en l'enveloppant de mille scrupules vains, et en le mettant pour ainsi dire en défiance des meilleures intentions. Comment s'occuper en effet du soin de bien dire, lorsqu'on est sans cesse effrayé par la crainte de dire mal? Comment suivre sa pensée, lorsqu'on n'est préoccupé que de l'embarras de chercher et d'employer des termes qui puissent échapper à la soupçonneuse et inquiète subtilité des critiques? Heureux encore, si ces précautions, ou plutôt si ces sacrifices

---

(1) Défense de l'*Esprit des Lois.*

faits souvent à la considération de son repos, sauvaient du dénoûment ordinaire de ces agressions! mais non: à la critique, succèdent bientôt les invectives et les accusations ; on les défère à l'ignorance et à la crédulité du vulgaire qui les prend pour des raisons ; on soulève, on excite le zèle fanatique ; les clameurs de la multitude étouffent les réclamations des esprits sages et éclairés : et c'est ainsi qu'un écrivain paisible, rassuré par le sentiment de ses intentions, se trouve souvent poursuivi par les effets d'une proscription ouverte qui le force de fuir sa patrie, et d'aller porter dans des climats étrangers le témoignage de la honte de son pays, et des misérables intrigues qui y prévalent contre les lumières et les talens.

Est-ce là travailler aux progrès des connaissances humaines, et concourir dignement

dignement à la recherche de la vérité? Si c'est la religion qui anime les critiques, auteurs d'un pareil déchaînement; comment peut-il se faire que ce principe de paix et d'indulgence, que ce principe, qui présente des maximes de modération et des motifs de bienveillance si sublimes, n'inspire pas à ses défenseurs, au moins les simples égards que les hommes se doivent mutuellement, s'il ne peut pas leur inspirer cette douceur conciliatrice qui prévient les animosités, et fait triompher la vérité par les armes de la charité chrétienne? Comment arrive-t-il que ce soit de leur part, au contraire, que vienne le premier exemple de ces emportemens, de cet oubli de toute bienséance, que les gens du monde n'oseraient pas même se permettre? Combien cet étrange système de critique, qu'ils semblent s'être particulièrement approprié, dégrade leur caractère, et les fait décheoir du rang honorable qu'ils occupent parmi leurs semblables ? Qui n'est pas tenté alors de se croire meilleur qu'eux ? ce qui est peut-être le plus grand mal moral qui puisse résulter de leur conduite, soit pour eux, soit pour la religion qu'ils prétendent défendre. Mais ce mal n'est pas le seul : comme il est bien difficile de se persuader que la vérité soit là, où se trouvent les passions haineuses et cruelles ; il s'ensuit que, par répugnance, autant que par ressentiment, les divisions s'établissent ; et de là les querelles qui, de polémiques qu'elles étaient d'abord, deviennent, en s'aigrissant, des guerres sanglantes et atroces. Qu'on remonte à la source des discordes religieuses, et on les verra presque toutes dériver de ces écrits où la critique, s'exprimant par la voix de l'intolérance superbe et dédaigneuse ; foulant aux pieds toute retenue, et voulant commander impérieusement aux opinions, pousse à l'excès l'amour-propre qu'elle outrage, et finit par écrire avec du sang l'histoire lamentable de ses triomphes ou de ses revers.

J'en dis autant de la critique des *ouvrages politiques*, sujet non moins délicat, sur-tout dans les temps où les partis fermentent, et où il est d'un si grand intérêt pour l'ordre public de ne point irriter les passions. Une critique provocante, dans ce cas, est d'un danger si manifeste, qu'on ne saurait dire qui est le plus imprudent, ou de celui qui l'exerce, ou du gouvernement qui la souffre. Pourquoi donc permettre le libre exercice de la pensée; pourquoi appeler le concours des lumières, si l'écrivain, dès qu'il émet franchement son opinion, doit trouver des hommes qui versent sur lui le soupçon, qui fouillent dans sa vie pour y chercher de quoi alimenter leurs critiques perfides, qui le dénoncent à l'opinion et le vouent à la proscription? S'ils jugent que sa voix est séditieuse, est-ce à eux à prononcer sur ce délit? Sont-ils les sbires du gouvernement? Tiennent-ils la plume pour s'en servir comme d'un poignard? Les lois, les tribunaux ne sont-ils pas là pour faire justice des écrits contre la sûreté publique? le rôle qu'ils exercent ne leur appartient donc pas. Leur fonction est de discuter, s'ils le peuvent, mais sans fiel et sans provocation personnelle, le sujet exposé; d'en faire sortir des idées conciliatrices, des sentimens pacifiques, des principes d'ordre public; ils sont les modérateurs de la vérité, et non les provocateurs des passions ; le flambeau de la discorde dans leurs mains est une chose intolérable. On obéit, on se soumet à l'autorité ; mais on se révolte, et avec raison, contre des hommes sans mission qui viennent prendre l'initiative du pouvoir, et vous charger d'avance, par leurs accusations, du poids de la vindicte publique. Rien n'est peut-être plus capable d'irriter les passions, d'aigrir les ressentimens, et de donner de la consistance aux partis. Notre histoire récente en fournit mille preuves affligeantes. Connaissons mieux le cœur de l'homme : il rend un secret hommage à tout ce qui est vrai, juste et sage ; il s'assouplit insensiblement devant les puissantes considérations de l'ordre public et de l'intérêt général, auquel il sent, malgré lui, que le sien est lié ; tandis qu'il se soulève, même aux risques de blesser ses intérêts, contre tout ce qui brusque ses passions et outrage son amour-propre. Le meilleur moyen de rendre les hommes bons, c'est de les croire tels; et souvent le moyen le plus assuré de les rendre dangereux, c'est de leur supposer le triste avantage de l'être.

Détournons nos regards de ces tableaux d'une critique imprudente, dont les effets intéressent si fort l'ordre public, et portons-les sur des abus moins funestes, à la vérité, mais non moins condamnables. Je veux parler de la sorte de critique qui s'exerce généralement sur les ouvrages purement littéraires. Cette carrière si noble, si bien faite pour appeler les sentimens doux et paisibles, pour donner lieu aux encouragemens, aux procédés de la décence, est aujourd'hui empoisonnée par la crainte, je ne dis pas de la critique en elle-même; car il est juste que, pour l'honneur des lettres, elle s'applique sur-tout aux ouvrages d'imagination et de goût; mais par celle du sarcasme, du ridicule, de l'ironie outrageante, des plaisanteries amères, qui en sont le cortége presque ordinaire.

Cette espèce de critique a été mise en vogue par quelques hommes d'esprit, dans les temps où les querelles littéraires n'étaient que le voile et le prétexte de la haine qui divisait la littérature en deux partis. *Voltaire* et *Fréron* etaient les plus ardens champions de ces deux sectes ennemies; il faudrait pouvoir effacer, pour l'honneur de ces écrivains, de l'histoire de notre littérature, les pages où ils s'attaquaient et se repoussaient par tout ce que la passion, réduite à n'employer d'autres armes que celle de la plume, peut fournir de plus outrageant et de plus ignoble à la fois. C'était à qui se couvrirait le plus de boue et d'ignominie. Formée sur ces modèles, la tourbe des écrivains subalternes ne manqua pas de saisir cette manière honteuse de combattre; et, par l'entremise d'un autre critique célèbre, héritier de l'*orgueilleuse érudition de Fréron*, et du *mordant de Voltaire*, elle est parvenue jusqu'à nous, au point qu'elle s'est, pour ainsi dire, entée sur l'esprit national, et qu'il semble presque convenu aujourd'hui qu'une critique ne peut être bonne qu'autant qu'elle immole à la risée publique celui qui en est l'objet. Les esprits sont véritablement corrompus sous ce rapport; et, pour le plaisir de rire un moment, nous sommes devenus inhumains et barbares. Qu'on se rappelle de sang-froid, maintenant que ce dernier critique dont j'ai parlé, est dans la tombe, et ne promet plus à la malignité publique de nouvelles jouissances; qu'ons e rappelle les articles où il distillait si abondamment, et avec un art si cruel, le sarcasme et l'outrage sur les écrivains que sa haine secrète poursuivait; et l'on verra, au sentiment de mépris que ce souvenir fera naître, si le rôle d'un critique, à sa manière, est honorable pour l'humanité. D'un bout de la France à l'autre, la qualification vengeresse d'*homme de mauvaise foi* s'allie dans toutes les bouches au nom de G**; on gémit en quelque sorte d'avoir trouvé des charmes au genre de critique dont il a si long-temps sali ses feuilles; et on ne s'en souvient plus que pour couvrir la mémoire de son auteur du mépris qu'elle mérite.

Et de quel droit en effet un critique s'empare-t-il d'un homme, qui sans doute vaut mieux que lui, pour en faire le jouet de ses railleries, et pour l'offrir en spectacle à la malignité publique? Ce rôle est-il, je ne dis pas dans l'ordre de la justice, mais dans celui de la décence? Serait-ce parce qu'il a la faculté de verser chaque jour son venin dans ses feuilles; tandis que l'écrivain qu'il immole ne peut faire entendre qu'une réclamation tardive, dont on lui refuse presque toujours la publicité dans le journal où se trouve consigné l'outrage dont il a droit de se plaindre, et qui ne réparera jamais les coups qu'on lui a portés? Mais c'est une lâcheté odieuse; c'est abuser d'un avantage de position et non de justice; c'est attaquer sans danger et combattre à armes inégales : la victoire est honteuse. Serait-ce parce que l'ouvrage critiqué prête en effet au ridicule? Relevez les erreurs et les fautes ; rendez-en juge le public éclairé ; motivez vos raisonnemens et votre opinion ; cela est juste : mais n'outragez point l'écrivain qui est déjà assez à plaindre d'être mis en scène pour des erreurs évidentes ; ne le livrez pas à la risée publique par des plaisanteries plus humiliantes encore que ses erreurs ; tout cela sortirait de vos fonctions, et les rendrait même impuissantes pour la cause que vous défendez.

Car enfin, si les critiques étaient de véritables amis des lettres, comme ils ont tant de soin de le faire entendre ; si ce beau zèle qu'ils affectent pour le maintien des principes du goût était pur ; comment ne sentiraient-ils pas que rien n'est plus capable de jeter dans la méfiance de leurs préceptes, quelque bons qu'ils soient d'ailleurs, que ce malheureux esprit de dénigrement avec lequel ils poursuivent les auteurs qui tombent sous leur plume dédaigneuse, et que dès-lors c'est en pure perte pour le progrès des lettres qu'ils travaillent? Et quelle confiance peuvent inspirer en effet des hommes qui paraissent bien plus occupés à humilier l'écrivain qu'ils critiquent, qu'à l'instruire? Le moindre résultat de ce système est le découragement qu'ils font naître : mais il en est un autre qui est bien plus certain; c'est la haine qu'ils appellent inévitablement sur leur tête. Il n'est point donné à l'homme de supporter froidement une humiliation, sur-tout lorsqu'on la lui fait subir en présence de tout un public qui en alimente son oisive malignité; c'est un outrage qu'on ne pardonne jamais, et qui tôt ou tard a sa réaction. L'écrivain outragé a des amis qui prennent part à sa disgrace; tous ceux qui ont à craindre un pareil sort se joignent à lui et font cause commune ; la haine contre les critiques se fortifie de ce concours de ressentimens particuliers ; elle éclate à la première occasion avec scandale : ainsi, pour le pitoyable avantage d'avoir excité un moment le sourire de quelques oisifs, la littérature se trouve livrée à des déchiremens qui font perdre tout le fruit de la communication des lumières, et qui exposent les lettres et les écrivains aux dédains du public.

Ce triste résultat, qui n'est que trop réel, est bien affligeant, et je ne suis point étonné que des hommes de bon sens qui pourraient honorer la carrière des lettres, dédaignent d'y figurer, pour ne point partager l'espèce de discrédit où la littérature est tombée, depuis que les critiques la déchirent et la déshonorent par leurs compositions turbulentes.

Je désirerais que les critiques en général fussent bien persuadés d'une chose ; c'est qu'indépendamment de toute considération, on ne les aime point du tout. En convenant de l'utilité de la critique, on n'aime point à la voir exercée par des hommes sans mission, sans titre, qui ne sont connus que dans les cotteries d'où ils sont sortis, et qui, du soir au matin, se trouvent placés sur le trépied de la critique, d'où ils rendent leurs oracles, en s'agitant en tout sens pour appeler les regards, en frappant à droite et à gauche, n'importe sur qui, et en ne figurant pas mal des énergumènes qui seraient possédés d'une rage nuisible.

Qu'un journal s'élève, ou qu'un autre menace ruine ; aussitôt ces athlètes vigoureux se présentent. On les reconnaît à l'acrimonie de leurs dispositions ; on les installe ; et les voilà qu'ils travaillent, non pour l'honneur des lettres; il est bien question de cela! mais pour le succès de la feuille dont les intérêts leur sont confiés. Observez que leur existence physique dépend des bénéfices qu'ils procureront à l'entreprise : c'est la première condition de leur engagement. Qu'on juge de là des efforts qu'ils feront pour y satisfaire. Mais quel est l'objet de ces efforts? D'appeler un grand nombre d'abonnés; et pour avoir un grand nombre d'abonnés, que faut-il faire? Il faut porter le fer et le feu dans la littérature, faire beaucoup de bruit, s'entourer de victimes, se créer la réputation de critique souverainement mordant et satyrique : le moyen d'être lu sans cela? Il est vrai que plusieurs échouent bientôt dans ce rôle difficile à soutenir, et qu'après le premier élan, ce n'est plus qu'un insupportable verbiage qui ramène le journal à ses premiers dangers. Mais enfin la littérature n'a pas moins été infectée, deshonorée par l'existence de ces critiques littéraires d'un moment; et voilà ce qui appelle la méfiance et la haine sur cette classe d'écrivains en général, qu'on regarde avec raison comme des stipendiés, dont les meilleures intentions et les talens les plus réels sont nécessairement subordonnés aux intérêts de l'entreprise qui les paie.

Mais, indépendamment de ces causes qui corrompent nécessairement la profession des critiques littéraires, il en est d'autres qui prennent leur source dans les séductions presqu'inséparables de cette carrière, et qui, lorsqu'on n'est point armé contre elles, par la probité, l'honneur, la justice et l'impartialité, agissent sur les passions, et livrent les fonctions de la critique à leur influence ; je vais présenter quelques effets de cette influence dangereuse, dont chaque jour nous offre le triste tableau.

Le premier, c'est l'*esprit de rivalité.* C'est une nécessité sans doute, que la critique littéraire des ouvrages soit exercée par des hommes de lettres ; mais cette nécessité n'est pas sans danger, lorsqu'une probité rigoureuse n'en garantit pas les effets. Que fera un critique, pour peu qu'il chancelle entre ses devoirs et le principe de jalousie qui s'élève dans son cœur à l'aspect d'un ouvrage qui lui annonce un rival ? il préférera le parti qui flatte le plus son amour-propre, et il cherchera à se soutenir dans l'opinion aux dépens de celui qui prétend la fixer à son tour. Voyez les critiques d'un ouvrage de *médecine*, faites par un *médecin* ; d'un ouvrage de *musique*, par un *musicien* ; d'un poëme *dramatique*, par un auteur *déjà en possession de la scène* ; d'un livre d'*histoire*, par un *historien* ; elles respirent toutes plus ou moins l'esprit d'injustice et de partialité qui dérive du levain d'animosité et d'envie qui fermente dans le cœur de leurs auteurs. Pleins de leur propre mérite, et irrités en secret d'une concurrence qui menace de leur disputer les suffrages du public, ils saisissent avec empressement le moindre avantage qu'ils peuvent avoir sur leurs rivaux, pour les accabler du poids de leurs critiques amères et outrageantes ; ils leur disputent pied à pied, je ne dis point une prééminence qu'ils regardent comme leur propre patrimoine, et dont ils sont bien éloignés de vouloir se dessaisir en leur faveur ; mais le moindre droit à l'obtenir. On voit que la colère les suffoquait en parlant de leurs ouvrages, et que c'est elle qui a conduit leur plume. On voit que, s'il ne tenait qu'à eux d'étouffer tout d'un coup de leurs propres mains, toutes les lumières qui peuvent agrandir la carrière dont ils ont fait leur apanage, ils s'y décideraient volontiers pour y régner seuls et les derniers.

Quel misérable esprit! et comment l'homme, jouissant de sa raison, peut-il s'y abandonner? On rougit pour l'honneur des lettres en pensant aux sacrifices qu'il faut faire pour arriver à ce point de dégradation morale. Elle suppose l'anéantissement de tout esprit de justice, d'honneur et de probité, de toute noblesse de sentimens, de tout penchant généreux. Ames étroites et petites! qui ne pouvez supporter la rivalité; croyez que vous n'échappez point aux regards du public, et que l'injustice dont vous accablez vos rivaux, retombe toute entière sur vous : on rit de vos vains efforts dont la passion qui vous domine ne vous a pas permis de voiler suffisamment le principe honteux; et la palme que vous refusez à votre rival, on la lui accorde par le seul intérêt qu'inspire un homme injustement opprimé. Combien il eût été plus beau pour vous, et quels droits vous auriez en même temps acquis à l'estime publique, si, supérieurs aux mouvemens d'une rivalité basse et jalouse, vous aviez franchement rendu justice au mérite de votre concurrent, si vous aviez relevé ses erreurs avec décence, et si vous ne l'aviez pas outrageusement repoussé d'une carrière ou il a les mêmes droits que vous ! Lisez ces beaux vers de *Corneille*, et apprenez quels sont les sentimens d'une belle ame, dans votre position:

Je vois d'un œil égal croître le nom d'autrui,
Et cherche à m'élever aussi haut comme lui,
Sans hasarder ma peine à le faire descendre.
La gloire a des faveurs qu'on ne peut épuiser,
Et plus elle en prodigue à nous favoriser;
Plus elle en garde encore où chacun peut
prétendre.

Le second principe qui altère l'essence d'une bonne critique est cette *ostentation interminable d'érudition, d'esprit et de connaissances*, après laquelle semblent courir la plupart de nos censeurs littéraires, et qui se trouve souvent accolée à la mince discussion d'un écrit. On lit dans un journal renommé des annonces d'ouvrages, dont il faut aller chercher la critique, après des colonnes entières consacrées à des préliminaires, et souvent dans les numéros suivans. J'en ai vu où le critique, après avoir disserté à perte de vue, revient, comme par réminiscence à son sujet, et le traite comme un simple accessoire.

Hé, messieurs ! épargnez-nous cette montre de votre esprit ; nous savons que vous en avez beaucoup ; ne nous écrasez pas sous le poids de votre érudition, et occupez-vous un peu plus du malheureux écrivain que vous semblez ne tenir si longtemps en haleine, que pour lui rendre plus pénible l'incertitude de vos décisions suprêmes. Que voulez-vous qu'il devienne à côté de ce grand étalage d'érudition qui l'éclipse, et qui le fait paraître bien en sous-ordre dans un article où il devait s'attendre à jouer le premier rôle ? mais vous ne le trompez pas ; le champ vous appartient, et vous en disposez largement ; cela est à moitié juste. Heureux l'écrivain que vous associez ainsi à vos hautes conceptions, lorsque cette profusion d'esprit ne tourne pas à sa honte; et lorsqu'au secret plaisir de briller, ne se joint pas le plaisir non moins vif de briller à ses dépens, et de l'humilier par l'effet des contrastes! Quand je lis ces sortes d'articles, il me semble voir un professeur un peu pédant, qui, avant de corriger le travail de son écolier, ferait subir à tout le collége, grands et petits, l'épreuve de sa profonde érudition longuement détaillée. Le public figure à peu près cette masse d'écoliers, dont les uns n'entendent rien aux dissertations du professeur, et dont les autres en sont fatigués; il bâille comme eux aux longues divagations du critique, tandis que l'écrivain, semblable à l'écolier dont le devoir doit être corrigé, se dépite dans l'attente de son sort, rejette ces discussions préalables qui ne font rien à son affaire, et les trouve fastidieuses autant que déplacées.

Le mépris des talens naissans est encore un des principes vicieux de la critique. A moins qu'un écrivain ne se présente dans la carrière avec une transcendance de moyens qui impose, ce qui est bien rare ; tous les autres qui débutent avec cette imperfection et cette faiblesse de talens si ordinaire à de premiers essais, sont accueillis et traités avec une rigueur, avec un ton de dédain, capable de flétrir les plus heureuses dispositions. C'est là sur-tout où les critiques, abusant de leur avantage, semblent se plaire à faire sentir leur orgueilleuse suffisance, leur morgue magistrale et repoussante. On dirait que la présence de ces nouveau-venus offense leur amour-propre, et qu'il existe entre eux une ligue secrète, pour leur fermer sans retour la carrière des lettres. Que de talens ils auraient étouffés dans leur germe, s'ils avaient eu le pouvoir en même temps d'anéantir ce noble courage qui soutient les âmes fortes et passionnées contre les rebuts d'une critique dédaigneuse et injuste! Nous avons eu sous les yeux plusieurs exemples de cette lutte généreuse d'un talent naissant; et la république des lettres, ainsi que les arts, lui doivent l'existence de beaucoup d'hommes qui en sont aujourd'hui l'ornement.

Eh! quel est l'homme, même parmi ceux qui appesantissent le plus durement le sceptre de la critique sur les talens naissans, qui n'a pas eu besoin d'abord d'indulgence et d'encouragement? Un cultivateur prudent et ami de son art, arrache-t-il la plante qui peut un jour lui donner des fruits? Non, sans doute; il la soutient; il l'étaye à propos; il l'émonde avec ménagement. Censeurs littéraires ! c'est là l'image de vos devoirs ; si vous vous en écartez, vous n'êtes plus les amis des lettres, vous en êtes, autant qu'il est en vous, les dévastateurs et les fléaux. Vos critiques sont semblables à l'ivraie qui étouffe dans un champ les productions les plus utiles; vous portez atteinte aux plus douces espérances de la littérature.

Mais l'obstacle le plus dangereux pour une critique juste et impartiale, est sans contredit l'*esprit de parti*, poison fatal qui agit avec tant d'empire sur le cœur de l'homme et altère si fort sa raison. J'ai déjà parlé, dans la première partie de cet ouvrage, du danger de confier l'exercice de la censure à des hommes qui seraient animés de ce sentiment exclusif; et j'ai montré combien ce danger était plus grand encore dans ces derniers temps où tant d'hommes se sont mis les uns à l'égard des autres en opposition ouverte, par la manifestation de leurs principes. Les mêmes risques, mais avec des suites bien plus fâcheuses encore, attendent l'écrivain dans le bureau des critiques littéraires. Du moins, les rebuts de la censure laissent la disgrace d'un auteur dans l'obscurité; elle n'est accompagnée ni d'outrages ni d'humiliations, et le public n'entre pour rien dans ses suites : mais les traces de la censure littéraire sont évidentes; et quand c'est l'esprit de parti qui les imprime, elles passent au public couvertes d'un levain d'animosité implacable. Il n'y a ni grâce ni justice à espérer de la part des critiques qu'aveugle ce sentiment. Votre livre est ouvert; il présente un nom proscrit; c'en est fait, il est jugé d'avance; et fussiez-vous un génie, votre ouvrage fût-il un modèle de bonne méthode et de style excellent ; eussiez-vous fait, en un mot, un livre accompli ; votre malheureux frontispice a gâté tout cela ; il n'y aura ni méthode, ni style, ni bonté de principes. Mais malheur à vous ! si vous offrez quelque prise à une critique tant soit peu fondée ; attendez-vous à être mis en pièces et traîné dans la boue. A la vue de cette heureuse découverte, le critique triomphe ; sa haine se trouve plus à son aise ; il peut la couvrir du moins d'un motif spécieux ; c'est un vautour affamé qui dévore sa proie avec délices, et qui ne laisse exposés aux yeux des passans que des lambeaux difformes et souillés.

Je ne crois pas qu'il existe de principes à opposer à cet *esprit de parti* qui ne reconnaît de bon que ce qui marche sous ses bannières, et qui proscrit avec horreur tout ce qui porte une livrée étrangère. On ne peut parler à ceux qui en sont animés, ni de probité, ni d'honneur; ces mots sont vides de sens à leurs oreilles; leur probité, leur honneur à eux, c'est d'être inhumains et barbares, d'immoler froidement leur victime; leur conscience est parfaitement tranquille au milieu de ces excès; ils s'en font un trophée; ils s'en vantent comme d'un acte de justice. Tout ce qu'on peut leur dire, c'est qu'ils sont pires que les animaux féroces que l'on parvient à apprivoiser; qu'il n'y a qu'un pas de leurs dispositions, à celle d'immoler leurs semblables, et que les armes dont ils se servent en attendant, n'annoncent que trop avec quelle satisfaction ils exécuteraient cet *autodafé* des hommes qu'ils proscrivent.

Enfin, pour ne pas abuser plus

long-temps de la patience de mes lecteurs, je terminerai cette série de principes vicieux qui corrompent la critique littéraire, par l'*esprit de flatterie* qui si souvent fait sacrifier à ceux qui l'exercent, la justice et la vérité, en faveur des considérations puisées dans le désir de plaire au pouvoir, au crédit, à la fortune.

Il n'est que trop vrai, en général, que les hommes qui tiennent la plume dans les feuilles publiques, se laissent entacher de cet esprit d'adulation qui rarement leur permet d'être eux-mêmes un instant, et d'écouter peut-être la voix de leur conscience; qu'ils marchent au gré des évenemens et des circonstances; qu'ils renoncent sans pudeur aux idées les plus libérales, pour professer le moment d'après des principes qui les combattent; qu'ils sont tour-à-tour les apologistes des systèmes les plus opposés; qu'ils changent en un mot de livrée comme des serviteurs à gages pour qui tous les signes de la servilité sont indifférens, pourvu qu'on les paie. Je les plains, s'ils ne font en cela qu'obéir à des impulsions étrangères et impérieuses; leur profession est alors le plus ignoble des états; c'est se vendre d'une manière honteuse; leur marché est pire que celui d'un esclave qui n'engage que son corps, tandis qu'ils engagent ce que l'homme a de plus sacré, leurs opinions, leur conscience et leur honneur.

Mais je ne veux parler ici que des applications de cet esprit d'adulation à la critique littéraire.

S'agit-il d'un auteur isolé, modeste, pauvre, dont le nom ne réveille aucune idée de cotterie, de protection, d'emploi éminent, d'aggrégation scientifique; d'un auteur, en un mot, qui a eu la bonhomie d'espérer que son ouvrage seul serait un titre suffisant pour mériter l'attention des maîtres de la critique, et pour appeler quelque intérêt sur ses travaux? à l'aspect de son livre, parvenu avec peine dans le sanctuaire des réputations littéraires, je vois le front du critique en chef prendre une teinte magistrale et sévère; l'ouvrage passe froidement de ses mains dans celles de son conseil, où il reçoit par-tout un coup-d'œil dédaigneux et rapide. Après avoir quelque temps langui sur les bureaux, il tombe enfin dans un carton où le plus profond oubli l'ensevelit pour bien plus de temps encore. En vain l'auteur, inquiet et impatient, cherche pendant cet intervalle à le retirer des archives de la rédaction, par des lettres, tantôt suppliantes, tantôt mêlées du sentiment de ses droits : en vain il se présente lui-même dans l'antichambre du rédacteur principal, pour demander humblement un article de quelques instans de travail, en faveur d'un ouvrage qui lui a coûté des années de méditation et de veilles; ses lettres et sa présence n'avancent rien à son affaire; on le renvoie froidement avec promesse *de s'en occuper incessamment.* Il attend encore, et des mois entiers s'écoulent : chaque jour il lit le journal qui doit lui annoncer son sort, et il s'y cherche vainement. Enfin, un beau matin, paraît l'article si désiré. Mais quelle est sa surprise, ou plutôt son désespoir, de n'y trouver qu'un froid persifflage sur son style, et quelques phrases tronquées pour échantillon de ses moyens; un ton léger, méprisant, et en dernière analyse, un jugement qui réduit son livre au niveau de sa malheureuse existence, c'est-à-dire *au néant!*

S'agit-il au contraire d'un ouvrage escorté d'un nom qui impose par les idées de crédit, de rang, de dignité ou de fortune qu'il réveille? On l'accueille avec les dispositions d'une bienveillance mêlée de respect et d'égards; on s'en empare avec empressement; c'est à qui aura l'honneur d'en faire la critique, et d'attacher au bas de l'article la lettre initiale de son nom. L'ordre du bureau est renversé en sa faveur; il est mis en tête de la longue liste des ouvrages qui attendent leur tour. L'auteur se montre-t-il? On l'introduit avec la plus affectueuse aménité jusque dans l'asyle des délibérations secrètes du conseil; on prévient son impatience; *son article est prêt à paraître; il est déjà sous presse;* et tout cela est dit avec une grâce qui annonce d'avance l'esprit dans lequel il sera rédigé. Il paraît en effet; mais avec quelle délicatesse, avec quel ménagement, avec quelle heureuse adresse, la critique s'y trouve confondue avec les éloges! Les plus simples lueurs de talent y sont exaltées comme des beautés d'un fini parfait. Quant aux défauts, on glisse dessus avec tant d'égards; on les relève avec tant de politesse, avec un étalage de compensations si flatteuses, qu'il est impossible de s'en plaindre. L'article est un prodige d'esprit et de bon ton; le critique a épuisé son talent pour le rendre digne du personnage qui en est l'objet, et sur-tout pour ne point effaroucher son amour propre. On lui présage des éditions nombreuses de son livre, dans lesquelles son talent, éclairé par la critique, paraîtra avec bien plus d'éclat; on en recommande vivement la lecture; on étaye sa célébrité des vertus éminentes de son auteur, de ses connaissances profondes, de son amour des beaux-arts, de tout ce qui peut lui donner, aux yeux du public, de la consistance et du relief. Comment, avec de pareils moyens, ne pas être sûr de plaire? Comment un auteur si bien traité pourrait-il désormais refuser quelque chose à un critique si bienveillant? Que n'a-t-on pas le droit d'en attendre, et que n'en attend-t-on pas?

C'est avec le même esprit de ménagement et de bienveillance exclusive que sont traités tous les individus formant la *cotterie du critique:* car qui ignore que, pour l'honneur de la petite corporation, ils ont tous un droit acquis à la distribution journalière des réputations littéraires? Mais ici le danger est souvent à côté des couronnes prodiguées; car, comme les ramifications de cette cotterie sont très-nombreuses; que chaque associé a, de plus, sa cotterie subalterne dont tous les membres doivent participer à la sève heureuse et féconde qui découle du tronc ; il arrive que les réputations qui en résultent sont quelquefois tellement hasardées, tellement douteuses, qu'elles déconcertent tout le système de bienveillance affecté à ce qu'on appelle vulgairement : *nous et nos amis ;* et de là, cette obstination du public, tant soit peu au fait du régime intérieur des cotteries littéraires, de prendre le contre-pied des arrêts qui en émanent, de recevoir pour bon ce que le critique présente comme mauvais, et pour mauvais, ce qu'il présente comme bon.

Je voudrais bien, pour l'honneur des lettres, pouvoir taire un autre motif de prévention qui fortifie encore cette méfiance du public, pour les décisions favorables de la critique. Comment dire en effet, sans rougir, qu'on les croit bien souvent le résultat d'une condescendance obtenue par des sacrifices; qu'elles tiennent à des arrangemens particuliers, à des dîners périodiquement distribués, à des attentions généreuses de la part des auteurs ou des éditeurs qui les sollicitent? J'ignore personnellement si ces accusations ont quelque fondement; si mille anecdotes que l'on raconte à ce sujet sont vraies : j'avoue même que je me sens une extrême répugnance à y croire, tant elles me paraissent flétrissantes et honteuses! Mais, ce qu'il y a de certain, c'est que, pour la plupart des écrivains, le travail qu'exige la composition d'un ouvrage n'est rien, en quelque sorte, en comparaison de celui auquel il faut se livrer pour en obtenir l'annonce ou l'analyse dans quelques journaux; et c'est dans ce sens que l'on a dit sans doute, qu'il faut *tra-*

vailler une seconde fois son ouvrage : ce qui signifie qu'il faut se résoudre à assiéger les bureaux des critiques de ses sollicitations ; à chercher auprès d'eux des protections et des appuis ; à faire, en un mot, un métier de forçat indigne d'un homme de lettres qui se respecte. Malheur à celui qui se contente d'aller déposer *deux exemplaires* de son ouvrage dans les bureaux destinés à recevoir ce dépôt de rigueur, et qui se repose ensuite ! à moins que son écrit ne soit de nature à piquer vivement l'attention des critiques, il tombe dans un abyme où il est pour long-temps enseveli. Il y en a dont l'annonce ne paraît et ne paraîtra peut-être jamais ; d'autres, que l'on ne fait connaître au public que lorsque l'auteur ou le libraire ont eu le temps de se ruiner pour faire honneur aux longues échéances de leurs engagemens. Toutes ces difficultés n'auraient-elles pas pour cause l'insuffisance de l'offrande *de deux exemplaires?* Je laisse à mes lecteurs, peut-être plus instruits que moi, à prononcer sur cette question.

Ainsi, de quelque manière qu'on envisage l'état actuel de la critique littéraire, il est difficile de ne pas s'avouer qu'elle est tombée dans une déconsidération absolue. En vain des hommes de mérite, et je dois citer particulièrement les collaborateurs du *Moniteur* et du *Journal de Paris*, cherchent de temps en temps à la rendre à sa dignité; ces efforts, qui tiennent à l'influence passagère de la sagesse et des talens de ces écrivains, ne parviendront jamais à guérir les plaies profondes que la critique a reçues. Ce sont les passions qui l'ont dégradée et qui la dégradent encore; on s'y fait un jeu de fouler aux pieds la *probité littéraire*, qui, comme toutes les autres probités relatives, a aussi ses devoirs et ses principes sacrés; l'honneur des individus y est immolé sous les traits du sarcasme, dont le misérable talent semble être devenu un des premiers et des plus indispensables attributs de la profession de critique; on n'y connaît plus les bornes de la décence et de la justice; les intérêts des lettres y sont sacrifiés à des spéculations indignes; les plus beaux talens s'y corrompent par l'esprit de faction, de cotterie et de parti qui en est l'âme. Est-il étonnant, après cela, qu'elle soit tombée dans un tel discrédit, que l'on ait été jusqu'à mettre en problème, *si elle était utile et nécessaire aux progrès des lumières?*

Tout le monde connaît en effet la question proposée par l'Institut sur ce sujet (1). J'avoue qu'elle m'a toujours étonné. Si elle a été imaginée pour donner lieu aux écrivains de relever les abus de la critique et d'en faire rougir les auteurs, je ne puis qu'applaudir au sujet proposé ; ce but est louable et peut être utile : mais si la question était sérieuse, si elle avait pour objet de mettre en discussion la nécessité et l'utilité de la critique en elle-même, je ne puis concevoir comment elle a pu être proposée par des hommes aussi sages et aussi éclairés que les membres de l'Institut de France. Non, l'utilité de la critique ne peut, à mon avis, être mise en problême; et, ce qui ne me paraît pas moins certain que son utilité,

(1) *Sur les avantages et les inconvéniens de la critique.* Le prix de ce sujet a été adjugé à M. *Villemain*, jeune homme de la plus grande espérance.

c'est la nécessité de placer ce ressort puissant en des mains plus dignes que celles qui en disposent.

Pourquoi les membres de l'Institut de France ne prendraient-ils pas eux-mêmes le sceptre de la critique littéraire qui leur appartient à tant de titres? Je ne puis que former des vœux pour cette régénération salutaire, et c'est dans cet esprit que j'ose proposer, en terminant mon sujet, les bases de l'institution suivante:

I. *La critique littéraire et scientifique des ouvrages nationaux, ou traduits en français des langues étrangères*, appartient, de droit, à l'Institut royal de France, comme chargé spécialement de diriger les lumières, et de maintenir les principes qui peuvent en favoriser le développement.

II. Il sera établi, en conséquence, sous les auspices du gouvernement, un *journal* émané de son sein, sous le titre de *Journal Littéraire et Scientifique de l'Institut Royal de France*, qui sera exclusivement consacré à l'analyse et à la critique de tous les ouvrages, tant nationaux qu'étrangers, lorsque ces derniers seront traduits en langue française.

III. Ce journal sera proposé *par abonnement*, dont le prix sera réglé sur les frais évalués de l'entreprise. Il paraîtra régulièrement trois fois par semaine.

IV. L'Institut en corps nommera dans son sein un *directeur-général de son journal*, et un *caissier*. Les attributions de ces membres seront fixés par des réglemens particuliers.

V. Le directeur général, outre ses attributions pour la gestion et la surveillance de l'entreprise, sera chargé de communiquer à chaque classe de l'Institut les ouvrages qui la concernent.

VI. La classe à qui les ouvrages

seront communiqués, nommera dans son sein et pour chacun des ouvrages, un ou deux membres, qui seront chargés de leur examen, et d'en faire le rapport à la classe assemblée.

VII. Sur l'avis de la classe, constaté au bas du rapport, cette pièce sera adressée par le secrétaire de la classe au directeur général qui en surveillera l'impression et l'insertion dans le journal.

VIII. Chaque auteur ou éditeur d'un ouvrage écrit en langue française, sera tenu de déposer au bureau du directeur du journal, deux exemplaires de son ouvrage; l'un pour la bibliothèque de l'Institut, et le second pour le membre chargé de l'analyser et d'en faire la critique.

IX. L'Institut, au surplus, rendra compte dans son journal de ses travaux annuels, de ses séances publiques, des mémoires qui lui seront adressés, de ceux qui auront concouru aux prix proposés, des discours des membres appelés dans son sein, et en général de tout ce qu'il jugera à propos de publier pour l'intérêt de la littérature, des sciences et des arts.

Je livre mes idées sur ce projet avec d'autant plus de confiance que je le crois éminemmeut utile. La critique des ouvrages remise à la sagesse, et confiée aux lumières du premier corps littéraire de la nation, serait là dans sa véritable source; elle y recevrait une sanction à la fois imposante et légitime; et la confiance qu'elle inspirerait serait fondée sur les motifs les plus encourageans et les plus justes. Si je considère, d'ailleurs, la critique dans son objet, rien ne me paraît plus digne de *l'Institut* que de la lier à ses autres attributions, dont elle fait nécessairement partie.

N'est-ce pas lui en effet qui est spécialement destiné *à perfectionner les lettres, les sciences et les arts; à suivre les travaux scientifiques et littéraires qui ont pour objet l'utilité générale et la gloire de la France; à faire l'examen des ouvrages importans de littérature, d'histoire et de sciences?* mais qui ne sent que la critique embrasse tous ces résultats à la fois, et que dès-lors, elle appartient de droit au corps essentiellement établi pour les réaliser?

Comment *perfectionner les lettres, les sciences et les arts,* si les ouvrages qui traitent de ces différentes branches, ne sont pas soumis aux jugemens de l'association littéraire chargée de ce soin, ou si ses jugemens n'ont point cette publicité bienfaisante qui répand l'instruction et les lumières relatives à chacune de ces parties des connaissances humaines ?

Comment *suivre les travaux scientifiques et littéraires qui ont pour objet l'utilité générale et la gloire de la France ;* si ces mêmes travaux reçoivent une publicité indépendante de l'examen et de la discussion de la compagnie instituée pour en poursuivre le perfectionnement ? Les grands motifs de l'utilité publique et de la gloire nationale, ne semblent-ils pas commander impérieusement ici à l'Institut de s'en occuper, et d'attacher sa sanction à leur existence publique ? Sans doute, ce corps a des travaux littéraires et scientifiques dont il doit suivre particulièrement l'exécution ; mais toutes les lumières, sous ce rapport, sont-elles donc réunies dans son sein ; et ne serait-il pas juste que toutes celles qui lui sont extérieures fussent ral-

liées

liées à ce centre, pour les faire toutes concourir, par la voie de l'analyse et de la critique, vers le grand but de l'utilité publique et de la gloire nationale?

Enfin, comment *faire l'examen des ouvrages importans de littérature, d'histoire et de sciences*; si mille tribunaux, s'arrogeant abusivement ce droit, détournent les auteurs de recourir à l'autorité littéraire qui en est fondamentalement revêtue? n'est-ce pas là une véritable anarchie introduite dans la république des lettres? et ce qui la rend plus étrange encore, c'est de voir les maîtres, les régulateurs de la littérature, venir à leur tour payer le tribut de leurs hommages à ces tribunaux usurpateurs de leurs droits, s'en remettre à leurs jugemens, et en attendre en quelque sorte leur considération littéraire. Qui ne désirerait voir cesser un pareil renversement de choses? Oui, j'ose l'assurer, le jour où cette réforme aurait lieu verrait la chute des tyrans qui déchirent et déshonorent depuis si long-temps la république des lettres; abandonnés sur leurs tréteaux, ils seraient forcés d'en descendre, et de rendre eux-mêmes hommage à l'autorité légitime que, dans leur orgueil, ils ont tant de fois outragée (1). Sûrs d'être éclairés sans humiliation, d'être critiqués sans personnalité offensante, d'être jugés avec

---

Rien n'est peut-être plus indécent que le ton de persifflage avec lequel il est arrivé à quelques critiques de rendre compte des travaux de l'Institut. Cela ne pouvait avoir lieu qu'en France, où les passions immolent si souvent l'honneur national à la risée des étrangers. La littérature française, ses institutions, et les grands écrivains qui l'ont honorée, seraient au dernier rang, s'il eût dépendu de quelques critiques de les y faire des-

sagesse, justice et impartialité, tous les écrivains s'empresseraient de reconnaître cette nouvelle juridiction et de déférer à ses décisions : tandis que le public éclairé, entourant de sa considération et de ses suffrages le monument scientifique et littéraire qui en serait le résultat, concourrait de son côté au succès et à la stabilité d'une réforme, dans le genre de la critique, dont la littérature française formerait, avec le temps, une de ses plus heureuses époques.

---

cendre. L'esprit de parti a donné, et donne encore tous les jours à cet égard, des exemples d'injustice qui sont vraiment déplorables ; le génie de G** n'est pas descendu tout entier avec lui dans sa tombe.

www.ingramcontent.com/pod-product-compliance
Ingram Content Group UK Ltd.
Pitfield, Milton Keynes, MK11 3LW, UK
UKHW020155200726
13856UKWH00003B/1005